AF268264

DISCOURS

PRONONCÉS SUR LE CERCUEIL

DE M. P. P. POMPEI

ANCIEN PRÉFET;

PAR MESSIEURS

VIALE, Conseiller Honoraire

ET **ARRIGHI**, Avocat.

BASTIA

DE L'IMPRIMERIE DE CÉSAR FABIANI.

—

1853.

Discours prononcé par M. Viale.

Troppo sovente siamo qui chiamati a piangere sulla morte di persone illustri e a noi care. La perdita ch'oggi lamentiamo è quant'altra mai dolorosa, e amarissima.

Io non son qui per tessere la biografia di questo egregio trapassato il quale coll'anno di jeri finiva la vita : lascio questa cura ad altri di me più valorosi e più giovani. I suoi congiunti soprattutto potranno non solo espor con eloquenza, ma rappresentar, quasi redivivi, i pregi del suo raro ingegno ; poichè l'ingegno in questa famiglia apparisce ereditario. E a proposito di questo domestico e prezioso retaggio dovrei qui far parola degli antenati di Pietro Paolo Pompei ; dovrei dire com'egli per la madre fosse congiunto di sangue al general Pasquale De-Paoli; come il padre foss'eletto rappresentante a Parigi nel Consiglio degli Anziani, e dovrei pur aggiungere come in quell'elezione De-Paoli stesso nel congedarsi da lui ebbe ad applicargli quel detto di Dante:

Se tu resti, chi va? se vai, chi resta?

Ma basti aver accennato queste ricordanze di famiglia non già per accrescere un lustro inutile al valor proprio di Pietro Paolo Pompei, ma soltanto per dichiararne l'origine. Grande ed elevata in lui l'intelligenza; pari a questa la probità; pari all'eloquenza e al saper la modestia. Ben so ch'il merito, superiore al comune, e più quand'è occulto, toglie fede talvolta anch'alle lodi funebri; e nulla meno io dirò che la patria nostra oggi ha perduto in quest'uomo uno dei più felici e nobili ingegni ond'ella mai s'onorasse. Molti di noi rammentiamo la serie e il conflitto degli avvenimenti politici che si successero dalla fine del secolo passato alla metà del presente. Fra tanti rivolgimenti e sovvertimenti di cose e d'idee, Pompei rimase ne'suoi principj inalterabile; finchè la morte fermò per lui il giro delle umane vicende; mantenne fino alla morte l'ingenuità de'prim'anni della vita, l'indipendenza dell'animo, l'uniformità, non mai dissimulata, de'proprj sentimenti; e serbò queste virtù nell'usar co'suoi minori e coi pari, e, quel ch'è più difficile, nel convivere coi grandi. Ebbe sempre in abbominazione la malvagità e l'ingiustizia; e pure in 64 anni di vita non potè, nè seppe mai odiare una persona al mondo.

Furono queste le qualità per le quali Pompei si distinse, da prima luminosamente nel foro e quindi nei brevi ufficj di magistrato e d'amministrator superiore. Certo egli non percorse, come il padre, la carriera della legislatura; ma il rimproverar ciò a lui e non a noi mi parrebbe veramente in questo momento la suprema delle ingiustizie.

Abituato a meditare ed a rappresentarsi all'animo i fatti e i costumi d'altri popoli e d'altri tempi, egli pose in non cale, e forse ebbe troppo a schifo le cose presenti. Ammiratore appassionato de'più celebri autori, studiosissimo de'loro scritti e capace d'uguagliarli, come ne fan prova due suoi libri, e quello specialmente famoso *Delle superiorità politiche e naturali*, pure egli disprezzò la gloria che gli provenne e che poteva provenirgli maggiore dagli scritti proprj.

S'era in lui qualche mancanza inerente agli uomini d'ingegno e a lui solo nocevole, era questa : egli recavasi troppo a noja le private faccende, e troppo sovente cercava forti distrazioni, quasi per disaffaticare dalla lunga contenzione la mente ; e fors'anche cercava in queste un'antitodo, per così dire, ai prestigi dell'amor proprio o un riparo, malsicuro ed infelice riparo, contro i colpi dell'invidia. Per questa ragione medesima e'fuggiva la lode, e spregiava altamente e spesso a suo danno la vanità delle vistose apparenze e la temerità dei volgari giudizj.

Nato forse in tempi non suoi, egli ebbe due forze interiori, fra loro pugnanti : quella di vivamente sentire e quella di reprimere il sentimento ; nè fibra umana, per forte che sia, può durar lungamente al continuo contrasto. Dalla prima infanzia fino alla morte ebbe una fede immutabile nell'esistenza di Dio e nella vita futura; e ben in lui l'alto intelletto, la spontanea virtù e la seguace sventura rendevano forte testimonianza di queste due verità inseparabili.

È vero pur troppo : il lutto cresce nell'uomo col tempo ; nella estrema età non ci resta che la morte o il pianto; e veramente nel piangere la morte de'nostri cari, noi già cominciamo in certa guisa a morire : no; la morte non è tutta in quell'istante, in cui l'uomo esala l'alito estremo : si principia a morire quando cominciano a mancarci, insieme coi più cari oggetti che ci rappresentano il passato, tutti i conforti e i sostegni della vita presente. Pietro Paolo Pompei incominciò a lasciar la vita , quando, dopo la morte del padre, perdè il degno fratello, l'affettuosa madre, la consorte amatissima, e alcuni dei suoi vecchi e più teneri amici ; ed ora gli amici che gli sopravvivono sentono di aver perduta in lui una gran parte di vita. Oh quanto manca a coloro , ai quali egli apriva un tesoro di pellegrine cognizioni, e quel che più valeva d'ogni altra cognizione, apriva loro tutto il suo cuore ! Quanti giudiziosi consigli, quanta dottrina venivamo noi tutti ad attingere ne'suoi privati colloquj! Ma ohimè! ora per noi il libro è chiuso.

Grand'è veramente il danno per noi che fummo amici di lui : ma sappiano per mezzo nostro i nepoti ch'eglino han perduto più di noi; sappiano ch'in Pietro Paolo Pompei, morto innanzi tempo , essi perdevano un vivo e raro esempio di morale indipendenza, di sapere, di virtù, e d'amor patrio.

Deh! vaglia un pensiero a consolarci in parte di quest'infortunio inaspettato e presente, e a mitigarci il dolore dell'ultimo addio. L'amore del sapere e del vero fu in Pietro Paolo Pompei la passione di tutta la vita. Ora egli appagherà, ne son certo, nel seno dell'infinita sapienza e verità quest'infaticabile suo desiderio.

Discours prononcé par M. Arrighi.

Messieurs,

Avant que la barrière de l'éternité s'élève à jamais entre nous et Pierre-Paul Pompei, ses nombreux amis ont témoigné le désir que l'un d'entre nous vînt saluer d'un dernier adieu sa dépouille mortelle.

En répondant à cet appel de l'amitié, en accomplissant ce pieux devoir, je crois payer aussi la dette du pays. Ne vengea-t-il pas noblement son honneur outragé dans l'ouvrage où il déposa, à côté de la profondeur et de la variété de ses connaissances historiques, les sentiments généreux d'un véritable corse?

Cet amour de la patrie qu'il avait puisé, jeune encore, dans les souvenirs et dans les exemples de sa famille grandît et se développa davantage pendant le cours de sa vie.

Entré avec plusieurs de ses jeunes compatriotes au Prytanée impérial, il s'y fit bientôt remarquer, de ses maîtres, par les précoces et rapides développements de son intelligence, aimer de ses rivaux par la modestie dans les succès, chérir de tous les élèves, par la douceur et l'aménité de son caractère.

Du lycée impérial Pompei passa dans les savantes Universités d'Italie.

Là aussi son application soutenue au travail, les éminentes facultés de son esprit, la noble et salutaire ambition de se distinguer, lui valurent bientôt l'estime des professeurs, l'admiration de ceux-là mêmes qui rivalisaient d'efforts dans les études et luttaient d'intelligence pendant les examens, dans le vain et impuissant espoir de lui disputer les palmes académiques.

Durant un grand nombre d'années sa laborieuse jeunesse s'écoula loin des frivoles amusements du monde, entre les bancs de l'école, et le silence des bibliothèques.

C'est ainsi qu'il ramassa les trésors de cette érudition, aussi étendue que choisie, aussi profonde que variée.

Pompei est une encyclopédie ambulante, disait un de ses anciens professeurs. On recherchait sa conversation comme on s'arrache des mains un bon livre. Et cependant, sa modestie égalait son savoir ; on aurait dit que seul il n'avait pas le sentiment de sa valeur, ou bien qu'il ne parlait de sciences, de lettres ou d'histoire que pour fournir aux autres l'occasion de briller à leur tour.

Il était impossible qu'un homme aussi distingué ne fût pas appelé à servir son pays. C'est dans les circonstances difficiles que les Gouvernements recherchent le concours des capacités dévouées. Pompei fut nommé dans les cent jours Procureur Impérial à Corte. On se souvient encore, avec quel éclat et quelle hauteur de langage et de sentiments, le courageux et éloquent magistrat porta la parole dans une solennité judiciaire.

La chute de l'Empire, dont il avait avec tous les siens embrassé la cause avec l'ardeur et l'enthousiasme de la jeunesse, le rendit au commerce des lettres, la noble passion et le charme de sa vie ; mais là ne devait pas se borner sa carrière d'homme public. Désigné à la confiance d'un ministre libéral, Pompei fut appelé à administrer l'arrondissement de Calvi. Il y a laissé un nom cher et respecté. Les sympathies dont il n'a cessé de recevoir de touchants témoignages, me dispensent de faire l'éloge de son administration.

La révolution de 1830 devait le conduire à une position plus élevée. Tour à tour Préfet à Auxerre, Chartres et Montauban, Pompei a laissé dans ces trois départements la réputation méritée d'un administrateur intègre , habile , modéré. Et pourtant, à une époque , où les plus obscurs fonctionnaires étaient décorés , le **Préfet** de trois départements , qu'honorait de son affection un illustre et puissant personnage, rentrait sans regret dans la tranquillité et l'indépendance de la vie privée , sans y apporter d'autre distinction que celle de ses services, d'autre bien que l'approbation de sa conscience. C'est qu'il sut toujours séparer dans sa pensée, comme dans les règles de sa conduite, la servilité, du dévouement , la dignité de l'homme, du zèle du fonctionnaire.

Il vivait dans la douce et honorable retraite de la **Porta** uniquement occupé de l'éducation d'un enfant que la nature a doué des plus heureuses dipositions , et dont l'avenir remplissait son cœur des plus vives sollicitudes , lorsque les événements de février vinrent changer la forme du gouvernement et les institutions politiques de la France.

Plus jaloux de la gloire du pays qu'il ne l'était de celle que semblaient lui promettre, dans la carrière parlementaire, sa longue expérience des choses et des hommes, son talent d'écrivain et la connaissance approfondie de notre droit Constitutionnel, l'auteur des *Supériorités politiques* , de ce livre si justement estimé et dont la presse du temps fit, sans distinction de couleur, ou de doctrine, les plus grands éloges, n'alla pas solliciter de commune en commune et de collége en collége les suffrages des électeurs.

Dans son patriotisme pur et désintéressé on l'entendit se féliciter, sans dépit comme sans fausse modestie, de ce que la Corse fournissait six mandataires plus dignes que lui de la représenter aux assemblées nationales, bien que son père eût reçu en 1799, de la confiance de ses concitoyens, l'honneur du mandat législatif. Mais s'il ne lui était pas donné de défendre ses droits et ses intérêts du haut de la tribune, ne pouvait-il pas la servir utilement de sa plume d'écrivain ? Les discours passent avec les ministres et les majorités parlementaires ; les travaux , conçus et mûris dans le silence du cabinet bravent souvent les atteintes de l'oubli.

Ah ! pourquoi faut-il que la mort l'ait frappé au moment même où reprenant avec toute l'ardeur de son adolescence , l'ouvrage interrompu vers lequel se dirigeaient depuis longtemps les patientes recherches du cabinet , et toutes les méditations de son âge mûr , il allait laisser à la Corse un monument impérissable de sa forte intelligence ! Ce n'aurait pas été assurément la portion la moins précieuse de l'héritage qu'il lègue à son jeune enfant.

Pompei a vu les approches de la mort avec le calme et la sérénité d'un homme qui a la conscience d'avoir bien vécu. Ne savait-il pas qu'il en est de l'âme humaine comme du soleil ? S'il se couche, c'est pour briller peut-être ailleurs, d'un éclat plus radieux. Aussi, ferme dans sa foi politique, que dans la foi religieuse, il laissait aux autres la liberté d'opinion qu'il réclamait pour lui-même. S'il avait un éloignement marqué pour les faux dévots, nul ne vénérait davantage les bons prêtres. Et voilà ce qui le faisait plus particulièrement chérir de ses amis. Ils trouvaient tout à la fois dans son commerce, les lumières d'un esprit supérieur avec toutes les grâces d'un homme du monde.

Mais si les lettres pleurent sur sa tombe entrouverte, le bareau dont il fut l'une des gloires, le regrette également. Nous avons de lui des plaidoyers écrits que ne désavoueraient pas nos plus grands avocats.

Pour nous, au moins, il ne périt pas tout entier. Le souvenir des qualites de son cœur, l'éclat de son nom et de sa renommée d'homme de talent revivent et se continuent dans le jeune confrère qui réalise chaque jour davantage les belles espérances que nous avaient fait concevoir ses brillants débuts.

Mais c'est en vain, que l'amitié cherche ainsi à tromper sa douleur. Il n'y a pas de compensations possibles pour des pertes aussi grandes. Celle de Pompei est irréparable. Le temps qui entraîne dans son cours rapide les joies et les chagrins, peut seul apporter quelque adoucissement à l'amertume de nos regrets.

Ceux dont je dépose en ce moment la fugitive expression sur ton cercueil, te suivront cher Pompei, même au-delà de la tombe. Le premier janvier 1853 sera désormais un jour de deuil pour ta famille, de tristesse pour tes amis. Tandis que partout on ne se rencontre que pour se féliciter, tes amis ne s'abordent que pour pleurer. Au lieu de souhaits on n'entend autour de toi que le bruit étouffé des sanglots : Oui la terre qui couvre tes restes mortels sera plus d'une fois trempée de nos larmes, plus d'une fois aussi notre main y sémera des fleurs. Si nous n'avons plus le plaisir d'entendre ta parole si éloquente, si correcte, si harmonieuse, nous aurons du moins la satisfaction de lire tes ouvrages, et en les lisant nous croirons encore te voir et t'entendre, car la chaleur de ton âme si expansive et si pure a passé tout entière dans tes livres. C'est là que nous apprendrons comment on doit aimer la Corse, avec quelle énergie il faut la défendre et tout ce qu'elle renferme au moral comme au physique d'éléments de force, de prospérité et de grandeur.